글 헬렌 스케일스(Helen Scales)
사람, 과학, 생물 세계 사이의 연관성에 주목하는 해양 생물학자입니다. 스케일스는 《가디언》, 《내셔널 지오그래픽》, 《뉴 사이언티스트》 등에 기고하고 있습니다. 베스트셀러인 《시간의 나선Spirals in Time》을 쓴 작가이자 다큐멘터리 제작자이기도 합니다. 현재 케임브리지 대학에서 학생들을 가르치고 있으며, 해양 보호 자선 단체인 '씨 체인저스'에서 과학 고문을 맡고 있습니다.

그림 소니아 풀리도(Sonia Pulido)
스페인 바르셀로나와 가까운 해변 마을에 사는 화가입니다. 풀리도의 삽화는 《뉴요커》, 《뉴욕 타임즈》를 포함한 전 세계의 출판물과 잡지에 실리고 있습니다.

옮김 김아림(Ahrim Kim)
서울대학교에서 생물학을 공부하고, 동대학원 과학사 및 과학철학 협동과정에서 석사 학위를 받았습니다. 대학원에서는 생물학의 역사와 철학, 진화생물학을 공부했습니다. 과학을 넓은 관점에서 통합적으로 바라보는 일에 관심이 있습니다. 출판사에서 과학책을 만들다가 지금은 출판 번역가로 활동 중입니다. 옮긴 책으로는 《사이언스 2022》, 《고래》, 《세상의 모든 딱정벌레》, 《조개는 왜 껍데기가 있을까?》 등이 있습니다.

감수 이상화(Sang-hwa Lee, Ph. D.)
충북대학교에서 생물교육학을 전공했고, 동 대학원에서 동물진화계통분류학 석박사 학위를 받았습니다. 국립해양생물자원관에서 해양생물자원(연체동물) 발굴·확보, 유전자 분석을 통한 분자계통분류 등을 수행했습니다. 현재, 무척추동물 다양성 연구소(Invertebrate Diversity Institute, InDI)의 대표를 맡고 있습니다.

상상나무

해양 생물학자가 들려주는
조개 이야기
© 헬렌 스케일스 소니아 풀리도, 2022

1판 1쇄 발행 2022년 8월 10일 | **1판 3쇄 발행** 2023년 10월 30일
글 헬렌 스케일스 | **그림** 소니아 풀리도 | **옮김** 김아림 | **감수** 이상화
펴낸이 권준구 | **펴낸곳** (주)지학사
본부장 황홍규 | **편집장** 김지영 | **편집** 박보영 이지연 | **기획·책임편집** 박보영
디자인 이혜리 | **마케팅** 송성만 손정빈 윤술옥 박주현 | **제작** 김현정 이진형 강석준 오지형
등록 2010년 1월 29일(제313-2010-24호) | **주소** 서울시 마포구 신촌로6길 5
전화 02.330.5263 | **팩스** 02.3141.4488 | **이메일** arbolbooks@jihak.co.kr
ISBN 979-11-6204-127-7 77490
잘못된 책은 구입하신 곳에서 바꿔 드립니다.

What a Shell Can Tell
© 2022 Phaidon Press Limited.
All rights reserved.
Korean translation copyright © 2022 by Jihaksa Publishing Co., Ltd.
This Edition published by Jihaksa Publishing Co., Ltd. under licence from Phaidon Press Limited, of 2 Cooperage Yard, London E15 2QR, England through EYA Co.,Ltd
이 책의 한국어판 저작권은 EYA Co.,Ltd를 통해 Phaidon Press Limited와 독점 계약한 (주)지학사가 소유합니다. 저작권법에 의하여 한국 내에서 보호를 받는 저작물이므로 무단 전재 및 복제를 금합니다.

KC 제조국 대한민국 사용연령 6세 이상
KC마크는 이 제품이 공통안전기준에 적합하였음을 의미합니다.

아르볼은 '나무'를 뜻하는 스페인어. 어린이들의 마음에 담긴 씨앗을 알찬 열매로 맺게 하는 나무가 되겠습니다.

홈페이지 www.jihak.co.kr/arb/book | **포스트** post.naver.com/arbolbooks

---

일러두기
- 원서에 있는 연체동물 영문명의 경우, 대부분이 영문 일반명(common name)으로 되어 있어 연체동물 문헌(도감, 학술논문 등) 및 인터넷 검색 엔진을 통해 종(species) 또는 속(genus)을 확인한 후 학회 또는 국가연구기관에서 발간한 국내외 연체동물 종 목록집을 참고하여 국명 변환 작업을 수행하였습니다.
- 국내에 발간한 종 목록집에 해당 종과 일치하는 종 또는 속이 없을 경우, 영문 일반명을 최대한 자연스럽게 국문으로 번역하거나 영문명 발음을 소리 나는 대로 국문으로 변환하였습니다.
- 국문으로 변환된 모든 종명은 국제동물명명규약에 따라 한 단어로 표기하였습니다.

참고문헌
이준상·민덕기, 〈국내도입 외래 연체동물 패각의 우리말 이름〉, 《한국패류학회지》 23권(1), 2007, pp. 105~154.
국립생물자원관, 《국제동물명명규약》(제4판) 한국어판, 2007.
국립해양생물자원관, 《2021 국가 해양수산생물종 목록집 II》. 2021.

해양 생물학자가 들려주는

조개 이야기

조개부터 달팽이까지
연체동물의 놀라운 진실

글 **헬렌 스케일스** | 그림 **소니아 풀리도**
옮김 **김아림** | 감수 **이상화**

지학사아르볼

바닷가에, 나무에, 산 위에, 깊은 바닷속에, … 껍질을 가진 동물은 어디에나 있어요.

여러분은 모래사장 위에 놓인 조개를 본 적이 있나요?
아니면 정원의 나뭇잎 아래에 숨은 달팽이는요?

조개와 고둥은 나선 모양 또는 주름이 있는
조그만 부채처럼 생겼어요. 줄무늬가 있기도 하고,
점박이 무늬가 있기도 하지요.
우리는 조개가 예쁘게 생겼으니 만지면 기분이
좋을 것 같다고 생각할지도 몰라요. 하지만 이 껍데기에
많은 비밀이 숨어 있다는 사실을 여러분은 알고 있나요?

먼저, 우리가 무엇을 찾고 있는지 알아야 해요.

지구상에는 아주 다양한 조개와 고둥이 있어요.

상어눈구슬우렁이

가시고둥

청자고둥

가리비류

나사고둥류

새조개

밤색줄무늬계란고둥

바지락

터번탑고둥

소라

삿갓조개

삼각조개

줄물고둥

왕관고둥

몇몇은 속이 비었고, 몇몇은 여전히 그 안에 어떤 생물이 살아요.

분홍입술흰뿔소라

봉황조개

개오지

천사날개조개

검은줄띠수레바퀴고둥

발색고리고둥

캔디케인달팽이

심장새조개

장밋빛접시조개

가리비류

검은네모무늬띠홍줄고둥

담치

굴

짚신고둥

껍데기란 무엇일까요?

껍데기는 '연체동물'이라고 불리는 몸이 물컹거리고 부드러운 동물들이 사는 집이에요. 많은 연체동물이 뼈가 없는 대신 껍데기를 가지고 있어요.
껍데기는 단단하고 튼튼해서 연체동물의 몸을 보호하는 집이 됩니다. 이 연체동물들은 껍데기 안에 기어들어 평생을 살아요.

연체동물은 하나의 껍데기만 만들어 한평생 그대로 지니고 다녀요. 알에서 부화했을 때부터 작은 껍데기를 가지고 태어난답니다. 그러다 점점 몸이 자라면서 껍데기에 딱딱한 층이 하나씩 더해져요.

연체동물은 '외투막'이라고 불리는 몸의 부드러운 부분으로 단단한 껍데기를 만들어요. 그리고 마치 혀처럼 껍데기의 열린 틈새를 핥아서 새로운 껍데기 층을 쌓아요. 한 번 핥을수록 층이 조금씩 더해지니 껍데기는 점점 커져요.

연체동물이 자기 수명을 다하고 죽으면 빈 껍데기가 남아요.

나선형 껍데기(복족류)

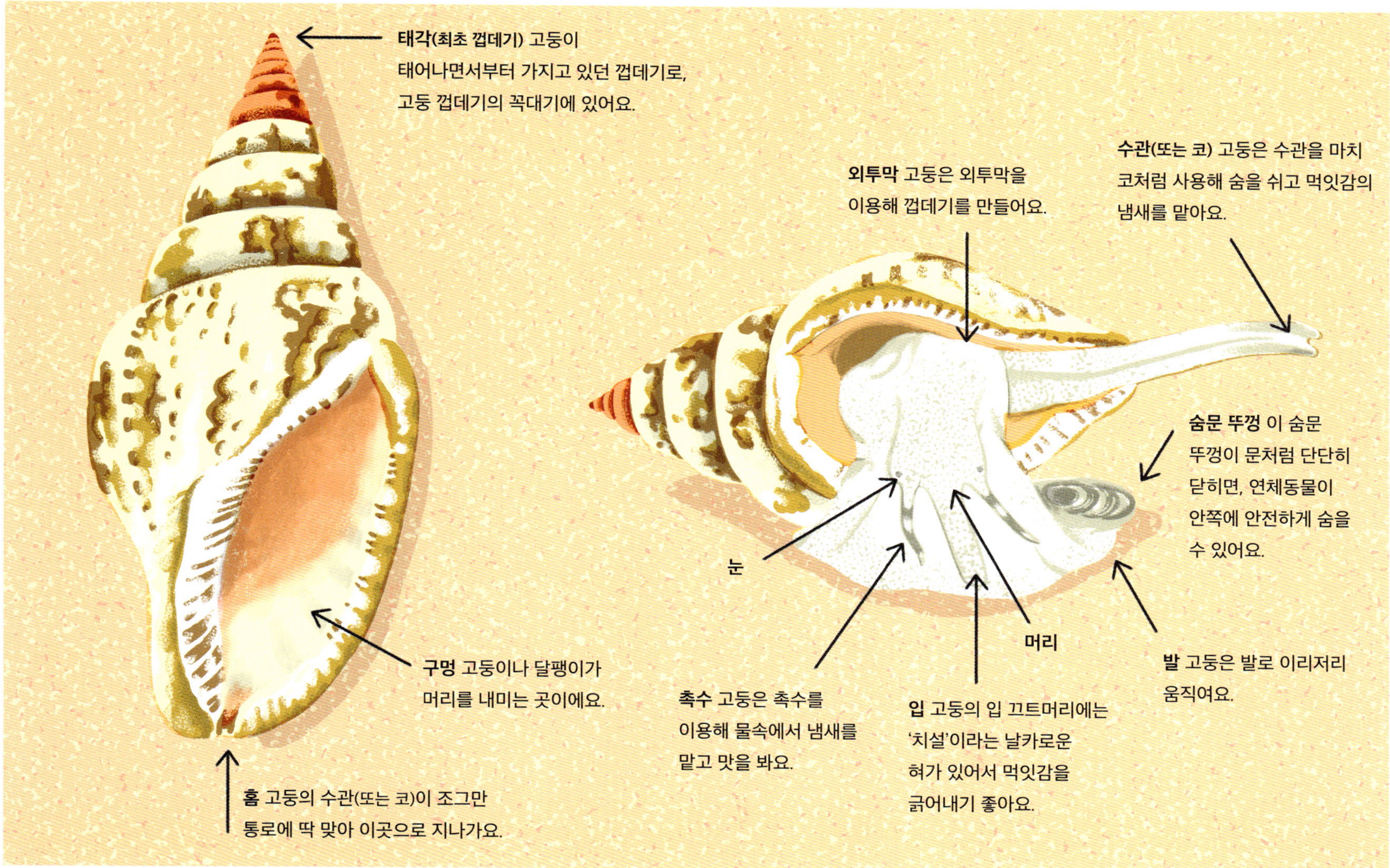

태각(최초 껍데기) 고둥이 태어나면서부터 가지고 있던 껍데기로, 고둥 껍데기의 꼭대기에 있어요.

외투막 고둥은 외투막을 이용해 껍데기를 만들어요.

수관(또는 코) 고둥은 수관을 마치 코처럼 사용해 숨을 쉬고 먹잇감의 냄새를 맡아요.

숨문 뚜껑 이 숨문 뚜껑이 문처럼 단단히 닫히면, 연체동물이 안쪽에 안전하게 숨을 수 있어요.

눈

머리

발 고둥은 발로 이리저리 움직여요.

구멍 고둥이나 달팽이가 머리를 내미는 곳이에요.

촉수 고둥은 촉수를 이용해 물속에서 냄새를 맡고 맛을 봐요.

입 고둥의 입 끄트머리에는 '치설'이라는 날카로운 혀가 있어서 먹잇감을 긁어내기 좋아요.

홈 고둥의 수관(또는 코)이 조그만 통로에 딱 맞아 이곳으로 지나가요.

두 부분으로 나뉜 껍데기(이매패류)

입수관 이곳을 통해 물을 빨아들여요.

출수관 이곳을 통해 물을 내보내요.

태각(최초 껍데기)

경첩 부위 하나의 껍데기가 반대편의 또 다른 껍데기와 연결되는 부위예요. 모든 이매패류는 두 개의 껍데기를 가져요. 안쪽의 연체동물이 두 껍데기를 서로 맞닿게 붙들어요.

근육의 흔적 껍데기를 단단히 닫는 데 사용한 근육이 있던 자리예요.

외투막 외투막을 이용해 껍데기를 만들어요.

발 조개는 발을 이용해 모래 속으로 파고들어 가요.

외투막의 흔적 외투막이 있던 곳이에요.

다양한 모양의 껍데기들

여러분은 아래와 같이 생긴 조개나 고둥의 껍데기를 본 적이 있나요? 껍데기들의 모양을 자세히 들여다보세요. 모양을 보면 어떤 유형의 껍데기인지 알 수 있거든요.

어떤 연체동물의 껍데기 두 개가 서로 붙어 있다면 그 동물은 이매패류에 속해요. 두 장의 껍데기가 있다는 뜻이지요. 이 껍데기들은 마치 책처럼 열렸다가 닫혀요. 가리비와 같은 조개가 여기에 속하지요. 부채처럼 생긴 조개랍니다.

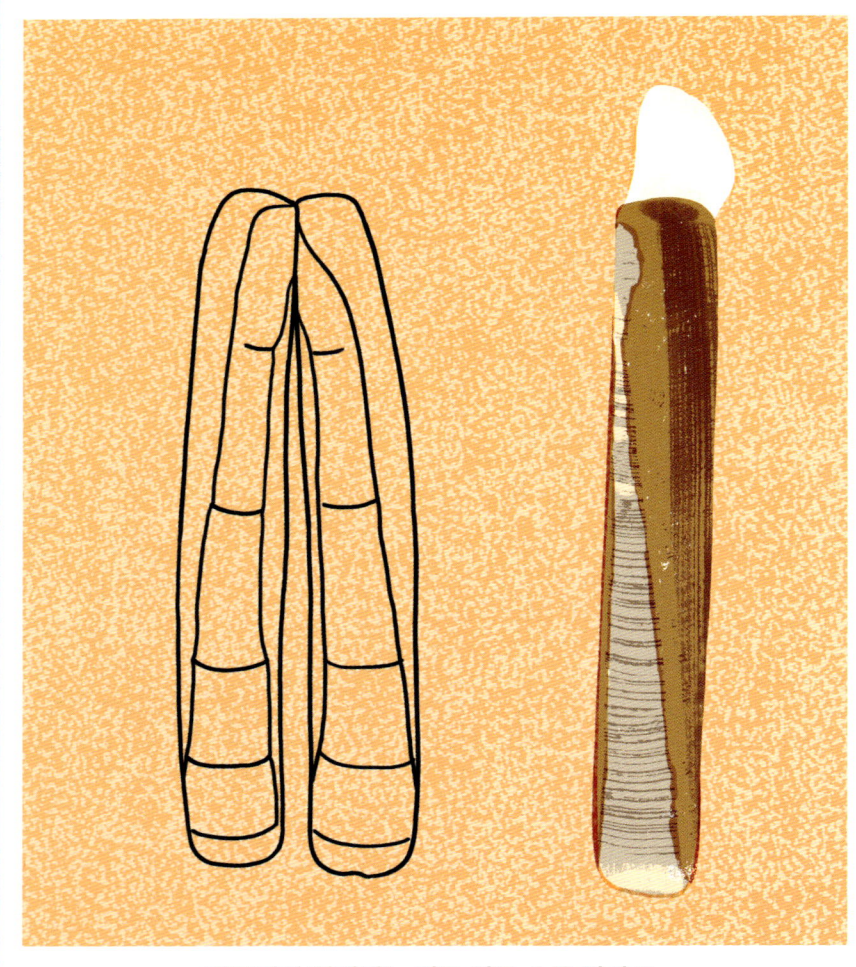

맛조개의 껍데기는 길고 얇은 손톱 같아요.

심장새조개는 껍데기가 조그만 하트처럼 생겼답니다.

껍데기가 나선형이라면 그 연체동물은 복족류예요. 배에 발이 달렸다는 뜻이지요.
보통 껍데기에서 튀어나온 하나의 발로 이리저리 기어 다니기 때문에 이런 이름이 붙었어요. 다음과 같은 종류가 있어요.

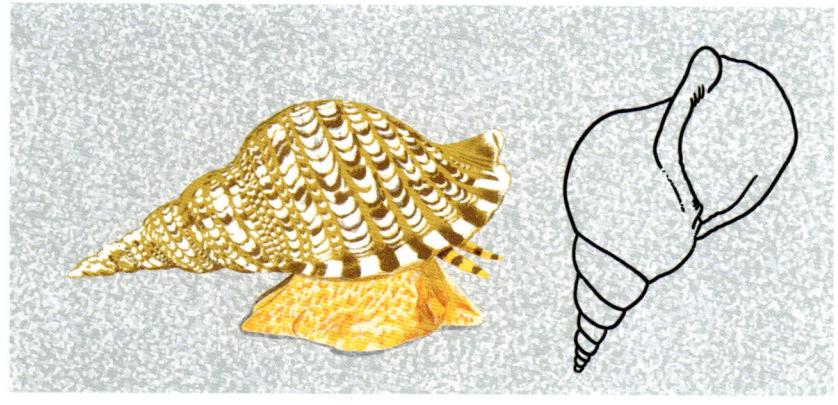

나팔고둥의 껍데기는 마치 커다란 트럼펫 같아요.

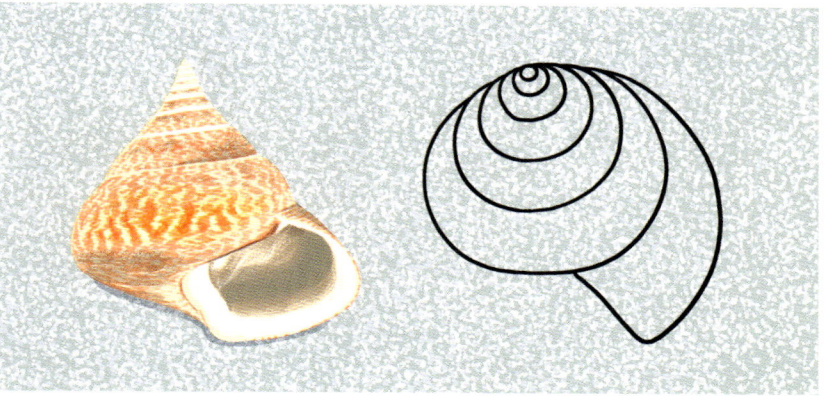

밤고둥은 껍데기가 꼭대기까지 빙글빙글 말려 있지요.

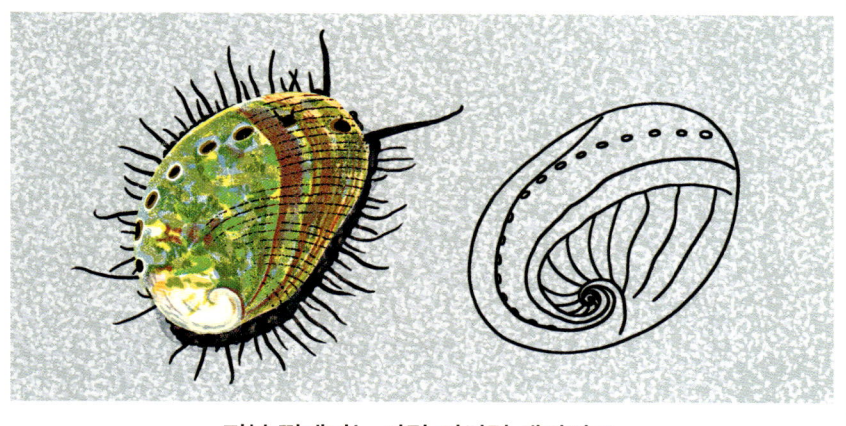

전복 껍데기는 사람 귀처럼 생겼어요.

복족류는 달팽이류라고도 불려요.

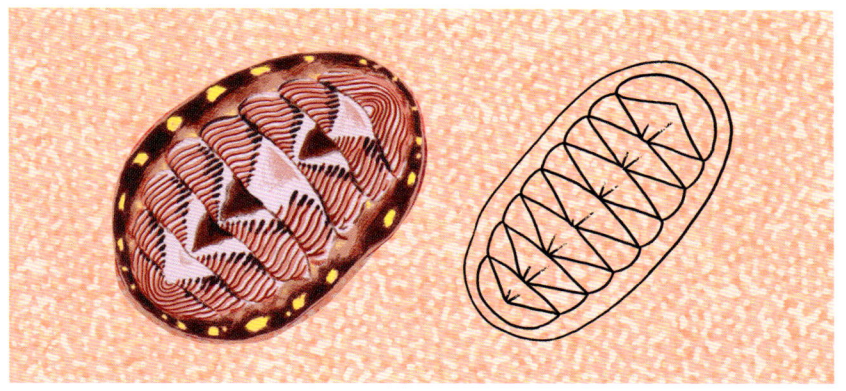

군부의 껍데기는 여덟 개의 조각으로 이루어졌어요.

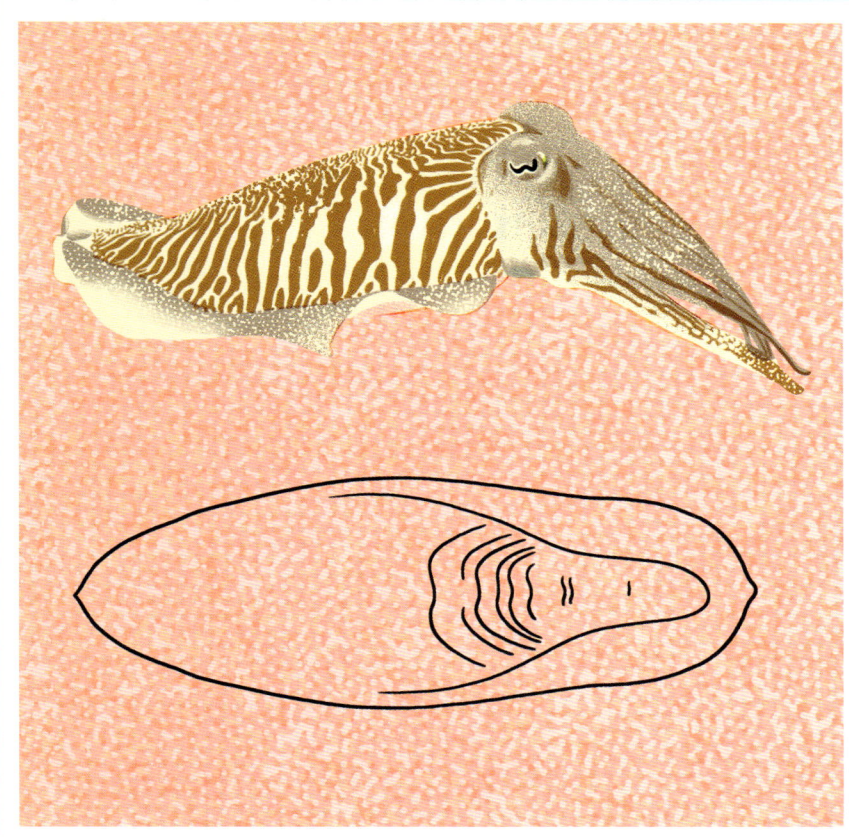

또 다른 껍데기 유형도 있어요.
예를 들면 갑오징어와 오징어는 껍데기가 안쪽에서 자라요.

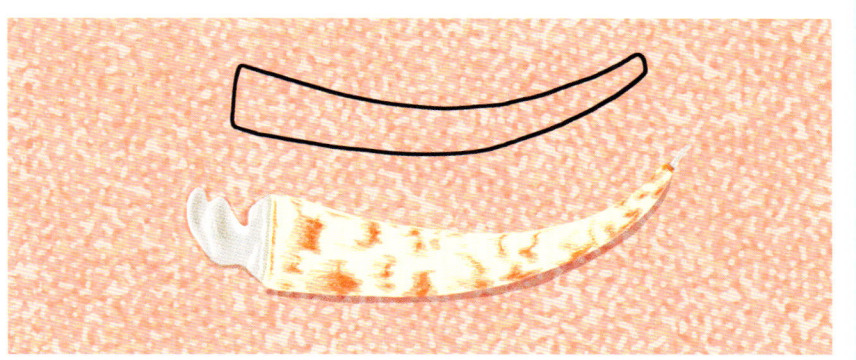

뿔조개의 껍데기는 작은 코끼리 상아처럼 생겼어요.
여러분은 얼마나 다양한 모양의 조개와 고둥 껍데기를 찾을 수 있나요?

11

껍데기 무늬를 보면 무엇을 알 수 있을까요?

껍데기 무늬는 정말 다양해요. 줄무늬, 삼각형, 지그재그, 점박이, 갈겨쓴 구불구불한 선 모양처럼요. 여러 조개와 고둥의 껍데기가 무늬로 뒤덮여 있어요. 이 무늬는 서로 똑같은 게 단 하나도 없이 모두 다르답니다.

연체동물은 손이 없어서 자기 몸의 무늬를 직접 그리지 못해요. 심지어 자기 몸의 무늬도 볼 수 없지요. 다만 느낄 뿐이에요! 연체동물은 물컹거리는 혀 모양의 외투막으로 껍데기의 가장자리를 핥아요. 그리고 패턴을 '그려' 나간답니다. 이 과정에서 껍데기가 점점 커져요. 청자고둥은 세상에서 가장 멋진 껍데기를 만들어요. 이상한 건, 청자고둥을 비롯한 연체동물들이 자기 껍데기에 무늬를 만드는 이유에 대해서 아무도 확실히 모른다는 것이에요. 정말 수수께끼 아닌가요!

어쩌면 연체동물들은 뭔가를 잊지 않으려고 껍데기에 적어 놓는지도 몰라요. 아니면 메시지를 썼을지도 모르고요. 과학자들은 연체동물들이 딱딱한 껍데기의 어느 곳에 층을 더해야 하는지 스스로 알 수 있게끔 표시하는 방법으로 무늬를 만든 게 아닐까 생각해요. 껍데기가 제 모양에서 벗어나 멋대로 자라지 않도록 말이에요. 여러분이 생각하기에 이 무늬는 무엇을 말하는 것 같나요?

껍데기의 색을 보면 무엇을 알 수 있을까요?

연체동물의 껍데기는 무지갯빛처럼 색이 다양해요. 여러분이 최근에 발견한 껍데기는 무슨 색이었나요?

연체동물의 껍데기 색은 연체동물이 사는 장소와 비슷한 때가 많아요. 왜냐고요? 자기를 잡아먹는 포식자들로부터 몸을 지킬 수 있거든요! 예를 들면 바다에 둥둥 떠서 살아가는 보라고둥은 바닷물 색과 비슷한 보라색을 띤 푸른색 껍데기를 가졌어요.

개오지는 산호 위에서 살아가요. 몇몇 개오지는 주변 환경과 비슷하게 분홍색의 울퉁불퉁한 껍데기를 가졌지요. 과학자들은 이렇게 몸을 숨기는 방식을 '위장술'이라고 불러요.

북대서양총알고둥은 해초 위에서 살아가요. 껍데기가 갈색 또는 초록색이라서 마치 해초가 바닷물 위에 둥둥 뜨도록 돕는 공기 방울처럼 보여요.

쿠바나무달팽이는 껍데기의 색이 아주 다양해요. 이런 특성은 자연에서 살아남는 데 도움을 주어요. 새와 같은 포식자들은 생김새나 색깔을 보고 먹잇감을 발견하는 법을 배워요. 그런데 이 달팽이는 색깔이 무척 다양하기 때문에, 새들은 그런 모든 색깔의 달팽이를 발견하는 법을 하나하나 익힐 수가 없어요. 그래서 쿠바나무달팽이를 맞닥뜨린 새는 멈칫하고 이렇게 고민해요. '이거 먹을 수 있는 달팽이일까?'
하지만 새가 이렇게 주저하는 사이에 달팽이는 안전하게 몸을 피해 도망간답니다.

자연에서 밝은색은 위험을 암시해요. 그래서 흰계란개오지붙이처럼 몇몇 연체동물들은 화려한 색으로 자기가 실제보다 더 위험한 척을 해요. 포식자들이 가까이 다가오지 못하게 하려고요.

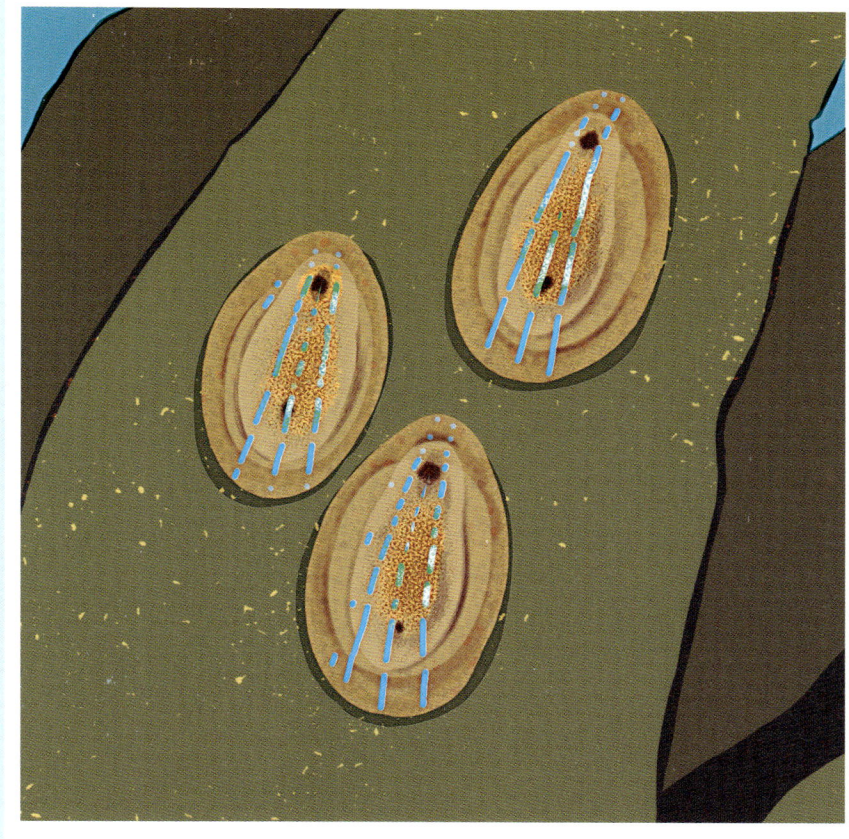

푸른줄무늬삿갓조개는 껍데기에 푸른색 줄무늬가 번쩍여요. 포식자들은 이 줄무늬를 보고 독성이 있는 갯민숭달팽이라고 착각해 잡아먹지 않고 그대로 내버려 둔답니다.

껍데기를 만지면 무엇을 알 수 있을까요?

바닷가를 걷거나 여행할 기회가 생긴다면, 여러분이 찾은 조개껍데기를 손가락으로 한번 문질러 보세요.
껍데기가 거칠거칠할까요, 아니면 매끈할까요?

국화조개는 껍데기가 울퉁불퉁하고 거칠어서 해초나 해면동물이 잘 자라는 데 도움을 주어요. 포식자들로부터 숨겨 주거든요.

한편 바다달팽이는 껍데기가 매끈해서 어딘가에 걸리지 않고 재빨리 부드럽게 모래 속으로 파고들 수 있답니다.

껍데기 안쪽이 매끄럽고 반짝이는 조개를 본 적 있나요? 어째서 이 연체동물은 아무도 보지 못하는 곳이 더 예쁘게 생겼는지 궁금하지 않나요? 음, 사실 연체동물에게 예쁜 건 중요하지 않아요. 튼튼한 게 더 중요하지요.

껍데기의 반짝이는 층은 '진주층'이라고 불리는 단단한 성분으로 이루어져 있어요. 이 성분 덕분에 껍데기에 금이 가지 않아요. 그래서 우적우적 씹는 턱을 가진 물고기나 꽉꽉 쥘 수 있는 집게발을 가진 게가 다가오더라도 연체동물은 튼튼하고 반짝이는 껍데기 속에서 살아남을 수 있답니다.

껍데기를 이용하는 다른 동물들

껍데기를 이용하는 생물이 연체동물만 있는 것은 아니에요. 가끔 다른 동물이 빈 껍데기를 빌려 안에 들어가 살아요.

껍데기 밖으로 조그만 다리와 한 쌍의 집게발이 튀어나왔다면, 그 동물은 연체동물이 아니에요. 바로 소라게이지요!

소라게는 별난 습성을 가진 게예요. 혼자서는 껍데기를 만들지 못해서, 다른 연체동물이 쓰던 껍데기를 빌린답니다.

하지만 소라게가 자라서 몸이 커져도 껍데기는 커지지 않아요. 그래서 다른 껍데기를 찾아야 해요. 어떻게요? 그럴 때는 소라게들이 파티를 열어요!

하지만 꽤 점잖은 파티예요. 소라게들은 질서 있게 늘어섭니다. 가장 작은 소라게가 한쪽 끄트머리에, 가장 덩치 큰 소라게가 반대쪽 끄트머리에 서 있어요. 그리고 한바탕 껍데기를 교환하는 행사가 벌어집니다.

각각의 소라게들은 이웃 소라게에게서 큼직하고도 새로운 빈 껍데기를 얻어요. 하지만 덩치가 아주 큰 소라게들은 예외예요. 이들은 제일 커다란 빈 껍데기를 차지하기 위해 서로 다툰답니다.

그 밖에도 껍데기를 이용하는 다른 동물들이 있어요!

몇몇 물고기들은 연체동물의 텅텅 빈 껍데기 안에 살아요. 자신의 알을 안전하게 두기 위해서예요.

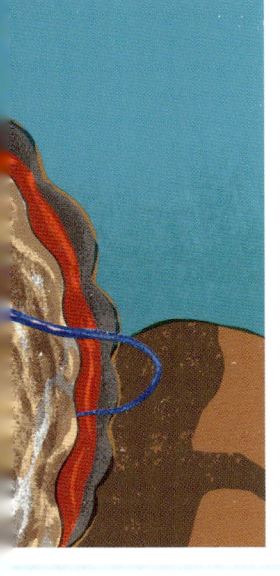

숨이고기 같은 물고기들은 물속에서 연체동물의 껍데기를 확성기처럼 사용해요. 자기가 내는 윙윙대는 소리가 크게 울려 퍼져 멀리서도 들리도록 하려고요.

문어는 원래 껍데기를 만들지 않는 연체동물이에요. 하지만 아주 영리해서 가끔은 텅 빈 조개껍데기 두 개를 주워 맞붙인 다음, 그 안에 숨기도 한답니다.

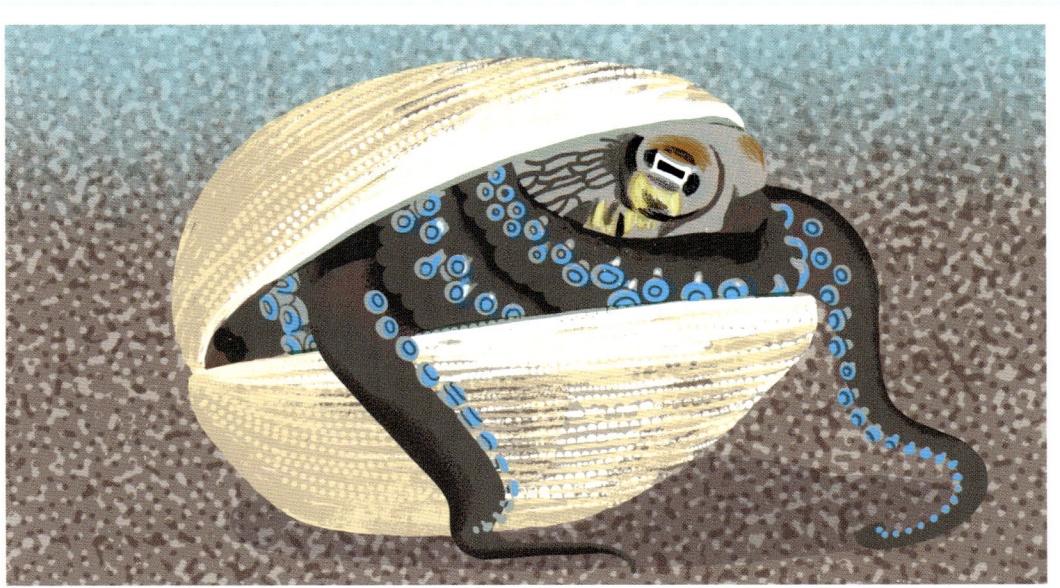

껍데기로 나이를 알 수 있을까요?

조개껍데기를 자세히 들여다보면, 안에 있는 연체동물이 몇 살인지 알려 주는 무늬가 있어요.

대부분의 연체동물은 고작 몇 년밖에 살지 못해요. 하지만 연체동물 가운데 최소 100살 넘게 사는 종도 있답니다!

이런 몇몇 연체동물이 몇 살인지 알기 위해 과학자들은 껍데기를 잘라낸 뒤, 현미경으로 몇 개의 층이 있는지 세요. 연체동물은 한 해씩 살아갈 때마다 층 하나가 늘어나거든요.

연체동물 가운데 가장 나이가 많다고 알려진 종은 북방검정조개예요. 최대 수명이 무려 500년이나 된답니다! 하지만 이 조개가 그렇게 기나긴 시간 동안 하는 일은 별로 없어요. 그저 바다 밑바닥에 자리를 잡은 채 바닷물에서 아주 작은 먹잇감을 걸러 먹는답니다.

가끔은 현미경이 없어도 조개껍데기의 층을 셀 수 있어요. 몇몇 종의 껍데기에 있는 고리 또는 이랑은 여러분이 직접 눈으로 보고 느낄 수 있을 만큼 뚜렷해요. 마치 나무 그루터기의 나이테를 세는 것과 같지요. 껍데기에서 더 어두운 고리는 보통 추워서 먹잇감이 별로 없는 겨우내 만들어져요. 어두운색 고리가 몇 개인지 세면 이 껍데기의 주인인 연체동물이 몇 살인지 알 수 있답니다!

이매패류와 비교하면 복족류의 껍데기는 매끄러운 경우가 많아요. 그래서 고리나 이랑을 세서 나이를 알아내는 게 쉽지 않지요. 하지만 같은 종의 달팽이 가운데 어느 개체가 더 어리고, 더 나이가 많은지는 알 수 있어요. 크기가 크고 껍데기에 소용돌이무늬가 더 많으면 더 나이가 많은 개체예요. 반대로, 작고 껍데기에 소용돌이가 몇 개 없는 개체는 나이가 어리지요. 연체동물이 안에서 자라는 동안, 껍데기에서 가장 바깥쪽의 소용돌이가 바로 최근에 더해진 무늬랍니다.

가시나 반짝이는 빛이 말해 주는 것

여러분은 가시가 돋거나 뾰족한 조개껍데기를 본 적이 있나요? 날카로운 가시가 연체동물에게 도움이 될 수 있을까요? 네, 돼요! 자기 몸을 지키는 데 도움을 주지요.

동물들 가운데 상당수가 부드럽고 맛 좋은 연체동물을 즐겨 잡아먹어요. 하지만 억센 껍데기는 먹기 어렵잖아요? 게다가 몇몇 껍데기는 특히 더 먹기 까다롭고요!

가시고둥은 껍데기에 아주 긴 가시나 뾰족한 뿔이 있어 스스로의 몸을 지켜요. 물고기들은 이런 소라를 그대로 내버려 두지요.

지게꾼고둥은 다른 껍데기를 이용해 스스로를 지켜요. 발로 빈 껍데기를 들어 올려서 자기 껍데기 위에 붙이죠. 외투막에서 나온 풀 성분을 이용해서요. 마치 껍데기 수집가 같아요! 그렇게 하면 덩치가 훨씬 커 보여서 이 연체동물을 찾아낸 포식자들이 공격해 잡아먹는 게 더 힘들어진답니다.

발색고리고둥은 '눈이 부신' 방법으로 포식자들에게서 잡아먹히는 것을 피해요. 침입자가 나타나면 이 발색고리고둥의 껍데기는 마치 밝은 초록색 전구처럼 빛을 내요. 이러한 빛을 내는 이유는 아마 자기를 공격하려는 게를 겁준 뒤 쫓아내려고 그런 것 같아요.

껍데기를 보면 연체동물이 어떻게 움직일지 알 수 있을까요?

껍데기는 연체동물이 여러 다양한 방식으로 움직이도록 도와주어요.

바다 밑바닥에 있는 나사고둥을 한번 관찰해 보세요. 껍데기가 왜 이렇게 나선 모양으로 말려 있을까요? 사실 이런 껍데기를 가진 이유는 바다 밑바닥에서 모래를 판 뒤 스스로를 파묻기 위해서예요. 나사처럼요!

가리비들은 부채 모양의 껍데기를 탁 맞물려 닫으며 물속에서 헤엄쳐요. 딸깍거리는 캐스터네츠처럼요.

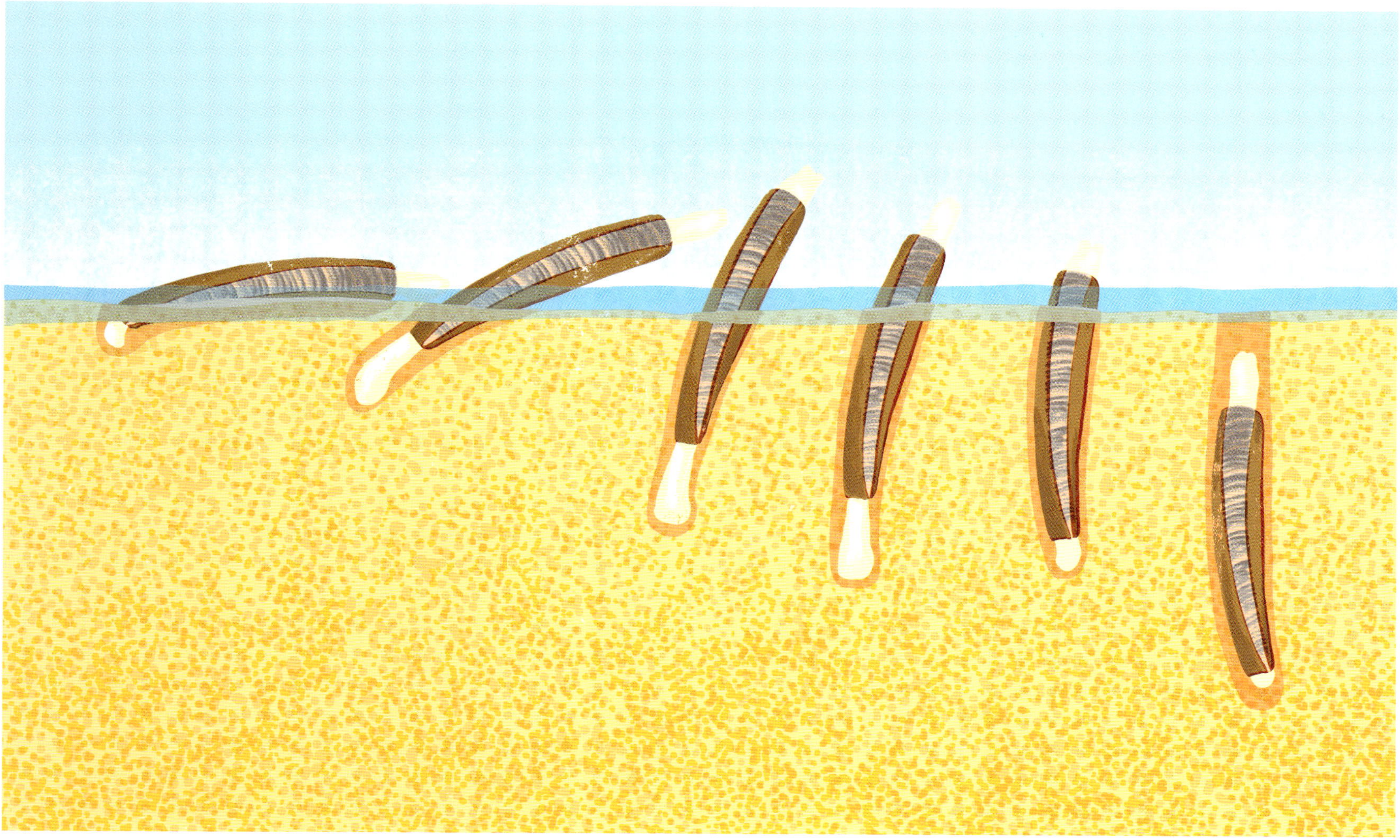

맛조개는 길고 좁은 껍데기를 모랫바닥에 밀어 넣어요. 모래를 파고들어 가면서 껍데기를 빠르게 여닫아 바닷물을 끌어들이면 주변의 모래가 아래로 무너져 내려요. 이렇게 부드러워진 모래는 맛조개가 안으로 파고들어 가기 훨씬 쉬워요.

배좀벌레조개는 길고 얇은 몸통을 가져서 마치 벌레처럼 보여요. 하지만 사실은 이매패류에 속한답니다! 이 동물은 한쪽 끝에 두 개의 작은 껍데기를 가졌어요. 이 껍데기는 끄트머리가 둥글게 덮여 있어서 그들이 서식하는 나무토막에 굴을 파서 들어가는데 사용됩니다. 나무로 만든 선박에 배좀벌레조개 수천 마리가 구멍을 뚫어 놓고 긴 시간이 지나면 배가 가라앉기도 한답니다! 배좀벌레조개는 '배를 좀먹는다'고 해서 이런 이름이 붙여졌어요.

껍데기를 보면 연체동물이 무엇을 먹는지 알 수 있을까요?

여러분은 아래 그림처럼 깔끔하게
동그란 구멍이 뚫린 빈 조개껍데기를 본 적이 있나요?
이런 구멍이 있으면 안에 살던 연체동물은
쇠고둥을 비롯한 다른 사냥 고둥에게 사냥당해
먹혔을지도 몰라요!

위 그림처럼 껍데기의 입구 아래쪽이 브이(V)자 모양으로 파인 고둥은 다른 동물을 사냥하는 포식자예요.

이렇게 파인 자국 사이로 길고 얇은 수관(또는 코)이 비집고 나와요. 포식자 고둥은 물속에서 이 수관으로 화학 물질의 냄새를 맡아 맛 좋은 먹잇감을 찾는답니다.

청자고둥은 코에서 독니를 발사해 먹잇감을 마비시켜요. 게다가 물고기까지 사냥할 수 있답니다. 물론, 물고기가 잠자고 있을 때나 가능하지만요!

북대서양총알고둥은 껍데기에 브이(V)자 모양으로 파인 자국은 없고, 껍데기 입구가 매끄럽게 둥급니다.

먹잇감을 찾아 돌아다니는 대신 해초를 뜯어 먹는 동물도 있어요. 일종의 채식주의자인 셈이지요. 그래서 초식동물이라고도 불려요!

전복은 붉은색 해초를 먹으면 붉게 변해요. 갈색 해초를 먹으면 어떻게 될까요? 네, 갈색으로 변한답니다!

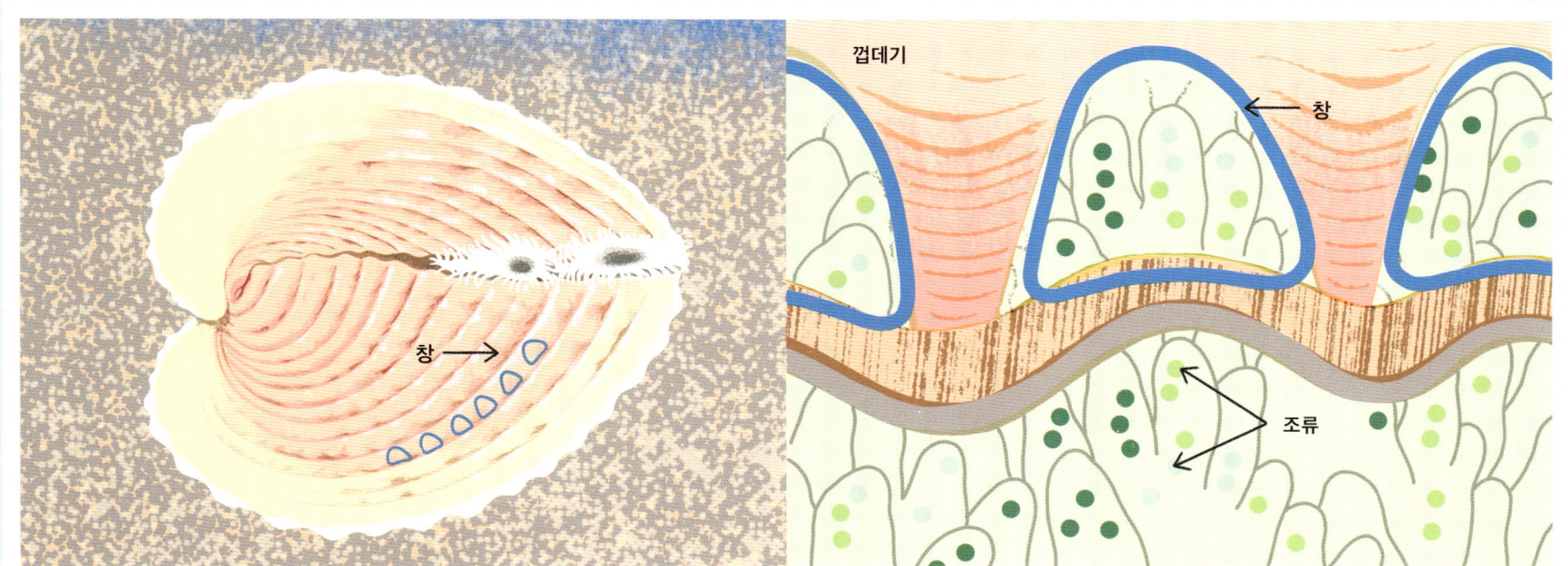
심장새조개는 껍데기를 활용해 스스로 먹이를 길러요. 껍데기의 안쪽에 '조류'라고 불리는 조그만 해초 세포가 있거든요. 여기서 필요한 먹이를 전부 얻는다고 해요. 이 조개의 껍데기에는 마치 온실처럼 창으로 빛이 들어와요. 그 안의 조류가 잘 자라게 하기 위해서예요. 그래서 심장새조개는 바다 밑바닥에 앉아 햇볕을 쬐곤 해요. 햇볕을 통해 먹이와 에너지를 얻는 셈이지요!

껍데기를 보면 사는 곳을 알 수 있을까요?

껍데기를 보면 많은 것을 알 수 있어요.
껍데기 안에 사는 연체동물뿐만 아니라,
그 동물이 어디에서 왔는지도 알 수 있답니다.

바닷가에 사는 동물들은 끊임없이 변하는 주변 환경에 익숙해져야 해요. 매일 바닷물이 들어왔다가 빠지니까요. 그래서 이 동물들은 젖었다가, 말랐다가, 다시 젖는 것을 반복해요.

여러분이 바닷가에서 발견할 수 있는 연체동물의 껍데기들은 상당수가 바위에 단단히 붙어 있거나 같은 자리에 꼼짝하지 않고 머물러 있어요. 파도에 휩쓸려 가지 않으려고요. 바닷물이 빠지는 썰물 때 연체동물이 숨어 있는 장소도 많답니다.

바닷가에서 바위 물웅덩이 속을 들여다봤을 때, 그 안에 사는 바다달팽이를 발견한 적 있나요?

모래가 깔린 바닷가에서는 물이 빠지는 썰물 때 조개나 새조개 같은 여러 이매패류가 부드러운 모랫바닥 안으로 파고들어요. 몸이 마르지 않기 위해서죠. 다음에 여러분이 바닷가를 걷는다면, 이매패류들이 전부 여러분의 발밑에 숨어 있다고 생각하면 된답니다.

삿갓조개는 바위에 달라붙어서 고리 모양으로 긁은 자국을 내요. 또 혀로 먹이를 긁어 먹기 때문에 지그재그 모양의 자국이 생겨요.

바닷가의 큰 돌을 조심스레 들어 올리면, 아래에 숨어 있는 군부나 개오지를 발견할 수 있어요.

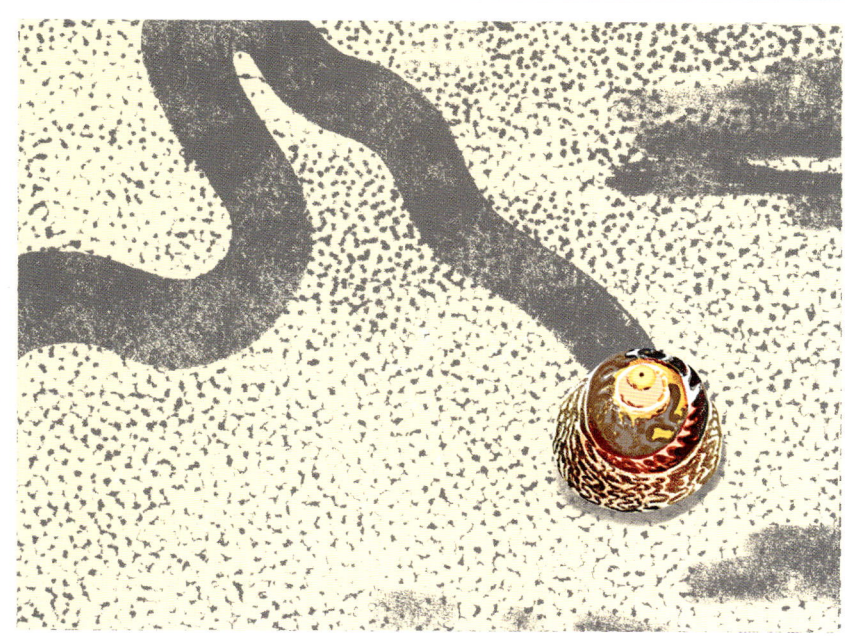

북대서양총알고둥은 바위에 달라붙어 살아요. 이 고둥은 먹잇감을 찾아 미끄러지듯 다니는데, 바위 위에서 그 흔적을 볼 수도 있어요.

담치는 자기 발로 스스로 움직이지 않아요. 끈적이는 실로 바위에 단단히 고정되어 꼼짝하지 않거든요.

껍데기가 달팽이에 대해 무엇을 말해 줄까요?

여러분의 정원이나 공원에 사는 달팽이들은 사실 바닷속에 사는 바다달팽이들의 먼 친척이랍니다.

여러분은 이 달팽이들이 원래 바다에 살았다가 육지로 이사 왔다는 사실을 알고 있나요? 그렇게 해서 오늘날에는 육지의 강물이나 연못에 살아요.

육지 달팽이들 역시 다른 동물에게 잡아먹히지 않도록 애써야 해요. 몇몇은 진흙 속에 몸을 감추기도 하고, 똥 속에 숨기도 한답니다!

여러분은 달팽이가 식물을 기르는 화분이나 바위에 붙어 있는 모습을 본 적 있나요? 한동안 비가 내리지 않으면 이 달팽이들은 몸이 말라붙지 않도록 이런 곳에 몸을 딱 붙이고 머물러요.

육지 달팽이들은 어느 장소든 다 살 수 있어요. 이 모롱고사막달팽이처럼 펄펄 끓는 듯 뜨거운 사막에 사는 종도 있어요. 바다달팽이들은 물속에서 숨을 쉬기 위해 아가미가 있지만, 육지 달팽이들은 직접 숨을 쉰답니다!

폴리네시아의 열대 섬에서는 나무 위에 파르툴라달팽이가 살아요. 이 달팽이는 이곳에서만 살기 때문에 무척 귀해요. 대부분의 다른 연체동물들이 한곳이 아닌 여러 곳에서 사는 것과 다르게요!

말레이시아의 숲속에 서식하는 작은보석달팽이의 껍데기는 방향이 제멋대로 비비 꼬였어요. 조그만 호스가 엉킨 것처럼요. 껍데기가 이렇게 꼬여 있으니 이 달팽이를 사냥하려는 민달팽이들은 껍데기 속으로 쑥 들어간 달팽이의 연한 몸을 잡는 게 힘들어요. 이 달팽이의 껍데기는 자기를 잡아먹으려는 민달팽이로부터 몸을 보호하기 위해 여러 번 진화를 거쳐 이런 모습이 되었어요.

껍데기를 보고 물풀 숲에 대해 무엇을 알 수 있을까요?

달팽이나 민달팽이가 사는 육지의 숲과 마찬가지로, 물속에는 수많은 연체동물이 사는 초록색 '물풀 숲'이 있어요. 이런 장소들의 상당수에서 연체동물은 생태계를 건강하게 유지하는 데 중요한 역할을 해요. 다른 동물들에게 귀중한 먹이가 되어 주기도 하지요.

큰핑크고둥은 카리브해의 물풀 숲을 이리저리 돌아다녀요. 동물의 사체와 물풀 위에 자라는 해초를 씹어 먹어 물풀 숲을 건강하게 유지해 주어요. 물풀 숲 아래에는 꽃잎조개과의 작은 조개들이 묻혀 있어요. 이 고둥과 조개들이 바다 밑바닥의 해로운 화학 물질을 흡수해 물풀에 독성이 퍼지지 않게 막아 주지요. 이런 연체동물이 없었다면 많은 동물의 서식지인 해초를 잃고 말았을 거예요.

맹그로브 나무의 여러 종들은 열대 지방의 다양한 나라에서 자라요. 맹그로브는 줄기와 뿌리가 짠 바닷물에 잠긴 상태에서도 살아갈 수 있는 유일한 나무예요. 이 나무의 긴 뿌리 위로 자란 굴은 게나 원숭이들의 맛 좋은 먹이가 돼요.

커다란 해초의 일종인 켈프는 캘리포니아 해안 같은 차가운 바닷물 속에서 자라요. 전복들이 사는 곳이기도 하지요. 털로 뒤덮인 해달은 전복을 즐겨 먹어요. 해달은 물속으로 잠수해 들어가 돌멩이로 바위 위의 전복 껍데기를 깨서 알맹이를 먹지요. 사람들도 전복을 즐겨 먹는답니다!

껍데기를 보고 넓은 대양(大洋)에 대해 무엇을 알 수 있을까요?

대부분의 바다달팽이들은 헤엄을 치지 못해요. 보통은 바다 밑바닥을 기어 다녀요. 하지만 몇몇은 앉을 곳도 없는 엄청 넓은 대양에서 살아간답니다. 여기서 생활하려면 바다달팽이들은 헤엄치는 법을 배워야 해요.

익족류라고도 불리는 바다나비는 전 세계 넓은 대양에 살아요. 바다나비는 발 대신에 두 개의 '날개'를 가졌지요. 날개를 퍼덕여서 물속을 헤엄친답니다. 게다가 바다나비의 껍데기는 작고 가벼워서 몸 전체가 가라앉지 않고 둥둥 떠요.

문어는 보통 휴식을 취하거나 몸을 숨길 수 있는 바다 밑바닥 가까운 곳에 살아요. 하지만 문어류의 한 종류인 집낙지는 평생을 탁 트인 바다에서 보내요. 그리고 문어치고는 무척 독특한 특징이 있어요. 그것은 바로 껍데기를 만드는 거예요!

집낙지는 복족류나 이매패류와는 다른 방식으로 껍데기를 만들어요. 두 개의 팔 끄트머리에 달린 은색의 물갈퀴를 써요. 그리고 암컷만 껍데기를 만든답니다. 암컷 집낙지는 이 껍데기로 알을 실어 나릅니다. 그뿐만 아니라 껍데기 안에 숨어서 수관으로 물을 뿜어내 추진력을 얻은 뒤 헤엄을 치며 돌아다녀요.

껍데기는 심해에 대해 무엇을 말해 줄까요?

깊은 바닷속으로 내려가면 어둡고 위험한 곳이 있어요. 뜨겁고 독성을 지닌 물이 우락부락한 바위 굴뚝에서 쏟아져 나오거든요. 이곳은 오븐 속보다 더 뜨겁답니다. 하지만 이곳에도 살고 있는 연체동물이 있지요. 그렇다고 요리로 익혀진 것은 아니거든요!

이 굴뚝은 '연기 열수공'이라 불립니다. 열수공은 귀중한 금속을 포함한 바위로 이루어졌을 뿐만 아니라, 특별한 환경을 만들어요. 이곳 근처에는 지구상에서 가장 희귀하기로 손꼽히는 동물들이 살아요. 게와 새우, 물고기, 붉은 아가미가 비어져 나온 '새날개갯지렁이'예요. 또 '비늘발고둥'이라는 아주 보기 힘든 연체동물도 여기서 발견할 수 있어요. 이 동물의 발은(여러분도 짐작하겠지만) 비늘로 덮여 있답니다!

비늘발고둥은 반짝이는 철 금속으로도 껍데기를 만들어요. 다른 고둥은 이렇게 하지 않아요. 특별한 비늘과 껍데기는 연기 열수공이라는 환경에서 살아남는 데 도움이 돼요. 해로운 화학 물질을 몸 밖으로 밀어내 주거든요.

비늘발고둥은 생김새도 이상하지만 먹이를 먹는 방법도 특이해요. 먹이를 씹거나 삼키지 않고 몸속에서 키우거든요. 이 고둥의 몸속에서 자라는 세균 덩어리는 연기 열수공의 독성 화학 물질을 먹이로 변화시켜요.

껍데기는 산호초에 대해 무엇을 말해 줄까요?

산호초에는 바다의 다른 곳보다 더 많은 종류의 동물들이 살아요. 그중 상당수가 연체동물이지요. 연체동물은 산호초가 생물 다양성을 유지하는 데 꼭 필요한 역할을 해요. 여기서 생물 다양성이란 특정 서식지에 살아가는 다양한 생물들 전체를 일컬어요.

반짝이는 열대 바닷물 속에서 자라는 산호초는 마치 바쁘게 돌아가는 물속 도시 같아요. 산호초 하나에 수천 종류의 서로 다른 연체동물이 살아가거든요. 몇몇은 대왕조개처럼 커다래요. 그리고 몇몇은 너무 작아서 눈에 잘 보이지도 않아요. 여러분은 그림에서 연체동물을 몇 종류나 발견했나요?

연체동물은 산호초 속 먹이그물에서 아주 중요한 부분을 차지해요. 연체동물을 먹고 사는 다른 동물들이 많거든요.

연체동물은 다양한 종류의 생물을 먹고 살아요. 장군나팔고둥은 악마불가사리를 잡아먹는 포식자예요. 이 가시 돋은 큼직한 불가사리는 산호초를 만드는 산호를 잡아먹어요. 그래서 장군나팔고둥이 악마불가사리를 먹어 치움으로써 이 불가사리의 개체 수를 조절해요. 악마불가사리가 넓은 영역에 걸쳐 산호초를 해치지 않도록 막아 주는 역할을 하지요.

껍데기가 과거 역사에 대해 무엇을 말해 줄까요?

여러분은 약 5억 년 전에도 껍데기를 가진 연체동물이 지구상에 존재했다는 사실을 아나요? 이 동물들은 공룡이 지구상에 등장하기 전부터 물속에 살았답니다!

암모나이트라 불리는 아름다운 이 연체동물은 전 세계 대양에서 살았어요. 암모나이트의 나선 모양 껍데기는 그 크기가 동전만큼 작은 것도, 트럭 바퀴만큼 큰 것도 있었어요. 또 어떤 건 길고 쭉 곧은 무기인 창처럼 생긴 껍데기를 가졌고, 어떤 건 금관 악기 트롬본처럼 생기기도 했고요!

오늘날 우리가 이 생물에 대해 알고 있는 건, 암모나이트의 껍데기가 바다 밑바닥에 파묻혀 화석이 되었기 때문이에요.

시간을 더 거슬러 올라가면 카메로케라스라고 불리는 연체동물이 있었어요. 카메로케라스는 지금껏 지구상에 살았던 동물 가운데 껍데기가 가장 컸다고 해요. 길이가 무려 10미터로, 버스만 한 크기였대요! 하지만 현재 살아 있는 카메로케라스나 암모나이트를 본 사람은 아무도 없답니다. 사람이 지구상에 등장하기 아주 오래전에 이미 바다에서 사라졌으니까요.

암모나이트는 6,600만 년 전에 멸종했어요. 멸종한 시기가 공룡과 같아요. 큰 소행성이 지구와 충돌하면서 하늘은 어두워졌고, 바다는 산성으로 변했어요. 껍데기를 가진 암모나이트가 살아가기에 좋은 환경이라 할 수 없었지요.

껍데기가 미래에 대해 무엇을 말해 줄까요?

6,600만 년 전 암모나이트가 그랬듯이, 오늘날 껍데기를 가진 연체동물들은 변화하는 세상을 맞닥뜨리고 있어요.

사람들이 자동차와 비행기를 타고, 발전소에서 석유, 천연가스, 석탄을 계속 태우는 동안 지구의 온도는 점점 올라가고 있어요. 그로 인해 방출된 이산화탄소가 지구를 감싸고, 태양의 열기가 미처 빠져나가지 못하게 막지요.

많은 양의 이산화탄소가 대양에 녹으면서 바닷물은 점점 더 산성으로 변하고 있어요. 바닷물이 산성이면 연체동물에게 큰 문제예요. 특히 바다나비와 같은 동물에게요! 바다나비는 바닷물이 점점 산성을 띠면 껍데기가 녹아 살아남을 수 없어요.

깊은 바닷속 환경도 곧 바뀔 수 있어요. 사람들이 깊은 바다에서 채굴하다가 비늘발고둥의 서식지인 연기 열수공을 박살 내는 바람에 이 동물은 더 위험에 빠졌어요. 사람들은 높이 솟은 열수공 굴뚝 안에 있는 귀중한 금속을 캐서 내다 팔고 싶어 해요. 이것들을 손에 넣기 위해서라면 무엇이든 할 작정이지요.

전 세계적으로 사람들은 연체동물을 많이 먹어요. 특히 담치, 조개, 굴, 물레고둥, 가리비를 좋아해요. 이러한 해산물을 많이 잡으려고 무거운 그물을 바다에 던지는 바람에 연체동물들의 해저 서식지가 파괴되고 있어요. 스코틀랜드에서는 어업 활동 때문에 선명하고 붉은색을 자랑하는 수백만 마리의 개가리비로 만들어진 암초가 파괴되는 중이지요.

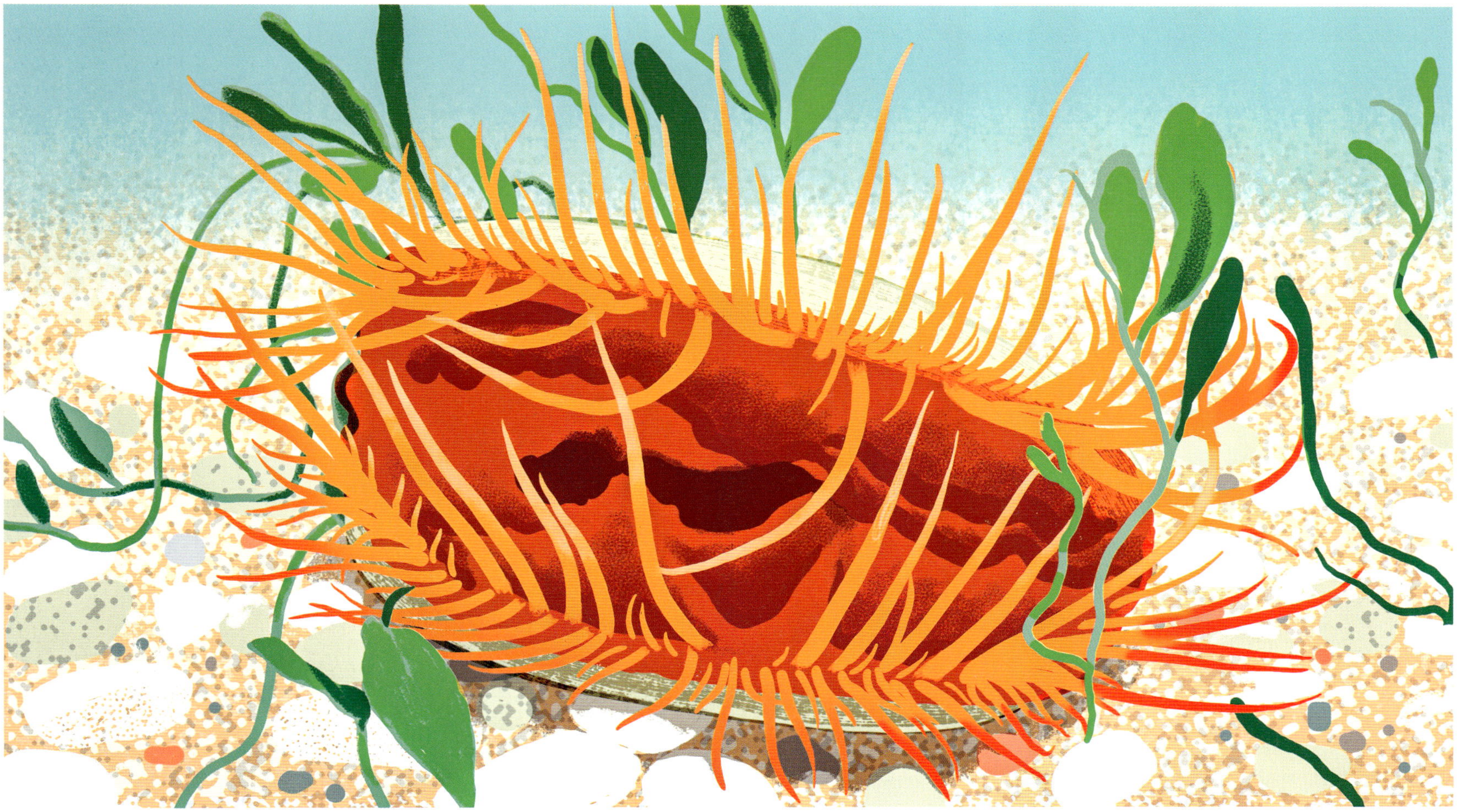

하지만 희망적인 소식도 있어요. 해저를 파괴하지 않고 그대로 내버려 둔다면, 다시 굴이나 조개를 비롯한 연체동물들은 자라날 거예요.

43

껍데기를 연구하는 사람들

여러분이 바닷가로 놀러 가면, 최대한 여러 종류의 조개나 고둥 껍데기를 찾아 자세히 들여다 보세요. 무엇을 알게 될까요?

과학자 중에는 연체동물의 껍데기를 가능한 한 많이 찾는 게 직업인 사람들이 있어요. 이들은 전 세계를 여행하면서 바다에 뛰어들고, 산을 오르고, 사막이나 초원을 방문하고, 숲속을 하이킹해요.

연체동물의 껍데기 수집가라면 다들 그렇듯이, 방문한 장소를 짓밟거나 함부로 흩뜨리지 않아요. 이 과학자들은 바닷가의 돌을 뒤집어서 독이 있을지도 모르는 달팽이류는 절대 만지지 않아요. 그리고 연체동물 각각의 종 한두 마리만 채집하고 나머지는 그대로 내버려 두지요. 또 껍데기들을 박물관이나 대학교에 가져가서 연구하고, 이제껏 발견된 적이 없던 종이라면 이름을 붙여요.

몇몇 과학자들은 껍데기의 반짝이는 내부를 조사해 얼마나 단단한지 알아보기도 하지요. 또 다른 과학자들은 껍데기의 패턴을 살피고 이 연체동물로부터 무엇을 알아낼 수 있는지 연구해요. 미래의 과학자들은 껍데기를 연구해 이전의 그 누구도 생각하지 못했던 새로운 질문에 대한 답을 찾을 거예요.

껍데기를 연구하고, 달팽이, 조개를 한 마리씩 살필 때마다 우리는 이 놀라운 행성인 지구에 대해 알아 가고 있어요. 지구에 사는 모든 연체동물에 대해서도 배우고 있지요. 여러분도 그럴 수 있어요.

왜냐하면 조개껍데기가 말해 줄 수 있는 이야기는 정말 많으니까요.

전 세계의 조개와 고둥, 달팽이들

여러분은 어떤 연체동물의 껍데기를 찾았나요?

그리고 그것은 여러분에게 무엇을 말하나요?

껍데기를 가진 연체동물은 전 세계에 수도 없이 많아요. 무척이나 많아서 아무도 전부 얼마나 되는지 셀 수 없을 정도예요.

이 지도는 이 책에 등장한 연체동물들의 서식지를 표시한 것이에요.

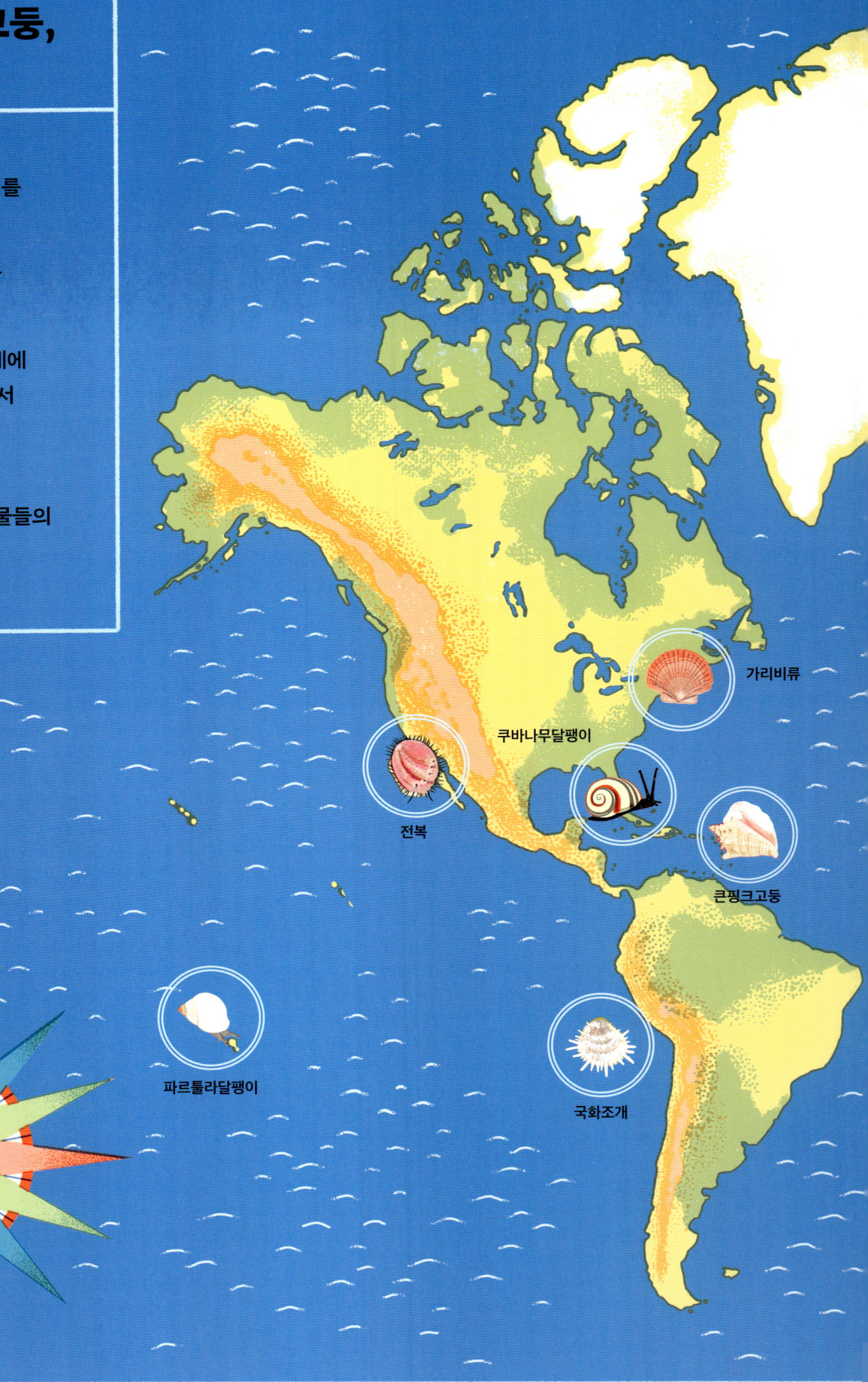

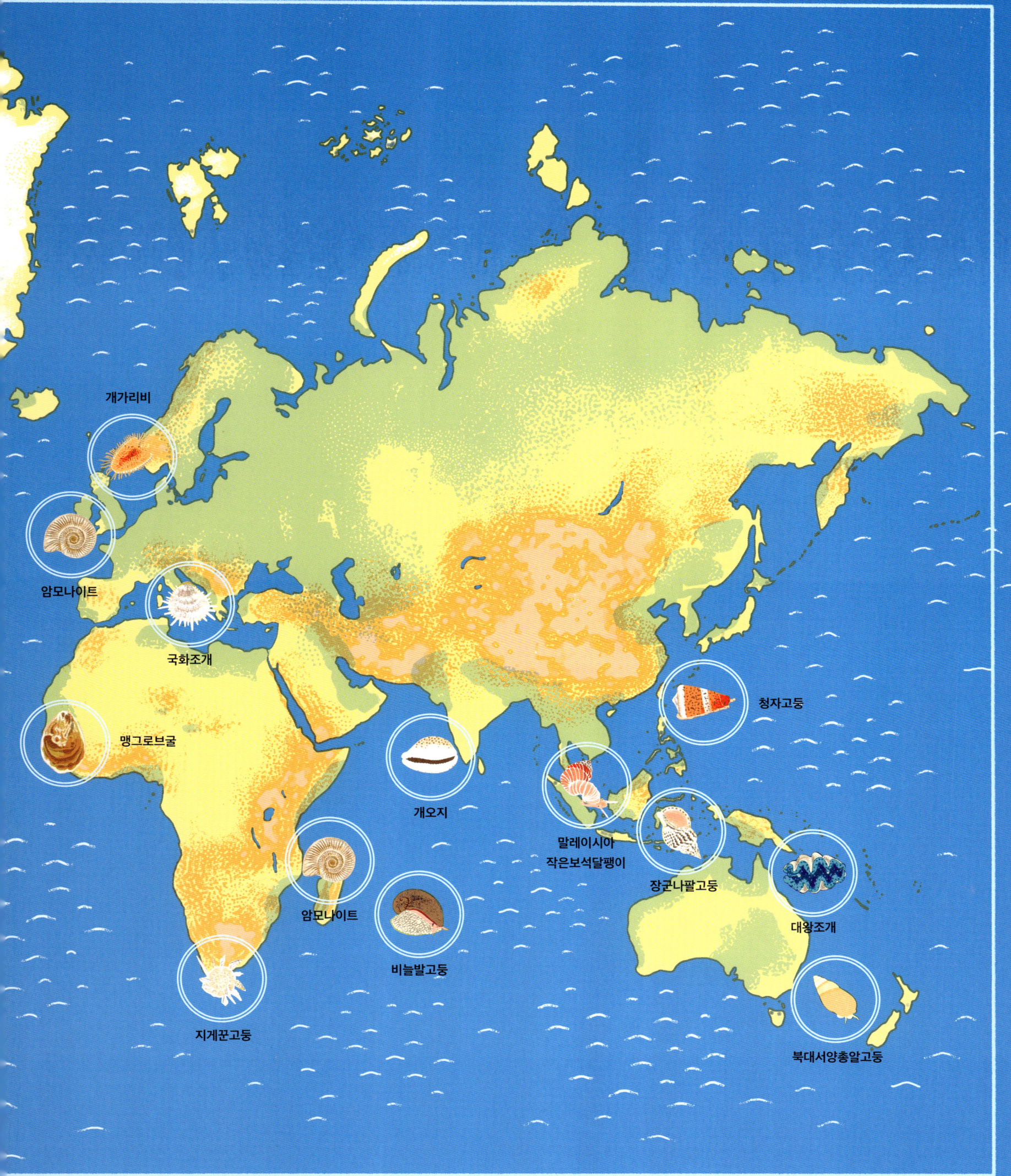

작가의 말

기억하는 순간부터 전 탐험가였어요. 처음엔 그렇게 생각하지 않았지만, 알고 보니 저는 전에 보지 못한 것들을 찾아 밖으로 나가는 걸 좋아했죠. 특히 바닷가에서요. 그래서 저는 해양 생물학자가 되었고, 마음껏 물속을 탐험할 수 있었답니다.

전 세계를 돌아다니며 공부하는 동안, 저는 항상 연체동물과 마주쳤어요. 한번은 물속에서 수명이 적어도 100살은 되어 보이는, 거의 내가 뻗은 팔 길이만큼 커다란 대왕조개를 보았죠. 또 껍데기를 서로 교환하려고 모인 소라게들의 모습도 지켜보았어요. 바닷물 몇 방울을 현미경으로 들여다보다 작고 투명한 바다나비가 휙 지나가는 모습도 보았고요. 어딜 가나 껍데기를 가진 연체동물들을 눈여겨보고 있었답니다. 그중에서도 제가 가장 좋아하는 동물은 새끼손가락 손톱만 한 개오지인데요. 이 동물의 껍데기는 제가 매년 얼마간 지내는 곳과 가까운 프랑스의 한 해변으로 밀려와요. 찾으려면 시간이 꽤 걸리지만 발견했을 때 더욱 신이 난답니다.

연체동물과 이 동물이 남긴 껍데기는 어디에나 있지만, 슬프게도 지금 우리 주변 환경에 문제가 생기고 있다는 신호 또한 속속 보여요. 사람들은 너무 많은 오염 물질을 방출하고, 물고기를 지나치게 많이 잡고, 나무도 엄청나게 많이 베고 있죠. 여기서 좋은 소식이라면, 이런 문제를 해결하고 바다와 지구 전체를 가능한 한 건강하게 유지하기 위해 사람들이 움직이고 있다는 것이에요. 여러분도 주변에 무엇이 있는지 보고, 배우는 것부터 시작할 수 있어요. 점점 더 수많은 사람이 동식물뿐만 아니라 우리가 공유하고 있는 지구의 모든 것들에 대해 알아 가고 관심을 가질수록, 우리가 이 모든 것을 지킬 수 있는 기회는 더 많아질 거예요.

– 헬렌 스케일스